Mein erstes Jahr als Mama!

Hier kannst du ein Foto von dir einkleben!

Dieses Buch gehört:

Inhalt

merke:

Meine Notizen
Seite:

9

Merke:

Meine Notizen
Seite:

Du hast es geschafft!

Du hast das erste Jahr mit Kind überlebt
ohne dich oder das Kind
aus dem Fenster zu schmeißen,
es umzutauschen oder
es extra aus Versehen im
Supermarkt zu vergessen?!

Wenn wir ehrlich sind, haben wir genau darüber im ersten Jahr nicht nur einmal nachgedacht. In unserem ersten gemeinsamen Urlaub standen wir beide ziemlich gerädert morgens in der Küche, haben uns angeguckt und nach einer fast schlaflosen Nacht überlegt, wie wir uns der Kleinen entledigen könnten. Als sie dann wenig später die Treppe hochkamen, hatten wir unsere Pläne völlig vergessen.

Der Wahnsinn Mutter zu sein, gerade im ersten Lebensjahr deines Kindes, ist schwer zu beschreiben. Genau deshalb sind wir auf die Idee gekommen, ein Buch über diese Zeit zu schreiben und zu versuchen unseren völlig unterschiedlichen, ganz persönlichen Wahnsinn festzuhalten.

Du findest in diesem Buch unsere Erfahrungsberichte und daneben Tipps und Tricks, die wir als hilfreich empfunden haben oder die uns immerhin zum Lachen gebracht haben. Weil wir wissen, wie unterschiedlich das erste Jahr für jede einzelne Mutter ist, haben wir dir immer auch ein bisschen Platz gegeben, damit du deinen eigenen Wahnsinn festhalten kannst, denn man vergisst tatsächlich leider sehr viel. :-)

Wir hoffen, du hast genau so viel Spaß beim Lesen und Ausfüllen wie wir beim Schreiben.

Meine Lieblings- Fotos

aus diesem **Wahnsinns- Jahr!**

Kapitel 1

Sei stolz auf dich!

#1 mom

Du hast in diesem ersten Jahr

wahnsinnig
viel geleistet,

auf das du stolz sein kannst.

Nimm dir Zeit, dir selbst auf die Schulter zu klopfen dafür dass ...

- ♡ du eine Wassermelone aus deiner Scheide gepresst hast, in die manchmal nur ein Minitampon rein passt.

- ♡ dein Körper vielleicht aufgehebelt und -gerissen wurde, weil dein Kind eben nicht den natürlichen Ausgang finden wollte und du trotzdem noch laufen kannst.

- ♡ du das Kind nicht sofort im Zoo zur Adoption freigegeben hast.

- ♡ du es geschafft hast, es nicht jeden Tag runterfallen zu lassen, sondern nur ab und zu.

- ♡ du immer noch hier bist – sogar mit Kind!

- ♡ du trotz massiven Schlafmangels nicht dein Kind, sondern tatsächlich das Eis in den Tiefkühlschrank gelegt hast.

♥ du einen dir ziemlich fremden, unselbstständigen Menschen mit eingeschränkten Kommunikationsmitteln freiwillig bei dir zu Hause aufgenommen hast und ihn nicht nur durchfütterst, sondern auch noch nett zu ihm bist.

♥ du einmal etwas anderes als Schokolade gegessen hast.

♥ du es geschafft hast, nicht jeden Satz mit „ohhh, shhhhh" anzufangen und dabei durchgehend zu wippen.

♥ du noch nicht völlig irre bist, obwohl du konstant von dir selbst in der dritten Person sprichst – „Mama ist ja da, mein Schatz"!

♥ du dir innerhalb kürzester Zeit eine komplett neue Sprache angeeignet hast, und zwar ‚Baby'.

♥ du es in den letzten Monaten sogar geschafft hast, dir die Zähne zu putzen und eventuell sogar duschen zu gehen.

♥ du mindestens drei Dinge gleichzeitig machen kannst.

du:
....
....
....
....

KAPITEL 2

To mom or not to mom

Was macht es für einen Unterschied eine Mutter zu sein oder nicht?

Einen großen!

Mit Kind ist nichts mehr so wie vorher! Alles im Alltag, was früher ganz leicht war, erfordert mit Kind logistische Superheldinnenkräfte und Nervenstärke. Zum Beispiel das Einkaufen, der Wochenendtrip oder der Gang auf eine öffentliche Toilette.

 ### Turbo!

Was steht auf meiner Einkaufsliste, welche Route durch den Supermarkt ist die schnellste, ab welchem Regal verliert mein Kind die Geduld und welche Knabbereien habe ich griffbereit, um das Kind bis zur Kasse ohne kompletten Ausraster hinzuhalten?

 ### Kindersicherung

Wie packe ich den Einkaufswagen am sinnvollsten, damit das Kind nicht die Packung Eier auf den Boden werfen kann und die Tampons sich alle einzeln auf dem Supermarktboden verteilen?

 ### Tetris

Wird wieder ein neuer Windelvorrat benötigt, kann sonst nur noch ein Minieinkauf stattfinden, da eine Monatspackung Windeln den gesamten Einkaufswagen in Beschlag nimmt.

 ### Muss immer mit!

Nicht vergessen, niemals: Feuchttücher!

Nur das Beste!

Egal, was es kostet, her mit der Bio-Ware.
Nur, was biologisch-dynamisch aufgezogen wurde, darf in die
Nähe meines kostbaren Nachwuchses gelangen. Im Einkaufswagen landen ausschließlich regionale und einzeln vom Landwirt
persönlich in den Schlaf gestreichelte Jonagoldäpfel.

Voll (un)praktisch!

Der Haken vorne am Einkaufswagen, an den ich jetzt gerne meine
schwere und große, mit lauter Kinderkram gefüllte „Handtasche"
hängen würde, kann bei ausgeklapptem Kindersitz nicht genutzt
werden.

Keine Zeit

Ein kleiner Plausch mit Bekannten, die zufällig auch einkaufen,
muss durch ein freundliches Zunicken ersetzt werden,
ansonsten schlägt sofort die im Wagen sitzende Alarmanlage an,
weil es nicht weitergeht.

Stress pur

Wer Verständnis für den mütterlich leicht panischen
Gesichtsausdruck bei langen Schlangen an der Kasse hat, ist
– Überraschung! – ebenfalls ein Erziehungsverpflichteter, hat
deshalb auch Hornhaut auf den Ohren und reagiert gelassen
auf kindliche Unmutsäußerungen, weil alles so lang
dauert. Aber keine Sorge, irgendwann ist auch
bezahlt. Und richtig lustig wird es erst, wenn
das Kind laufen kann, bzw. sich dann bei der
Kasse auf den Boden wirft, wenn es die nicht
umsonst Quengelware genannte Schokolade/
Kaugummis/Bonbons, die dort so schön bunt
entgegenflimmern, nicht bekommt. So, jetzt
noch schnell Einkäufe verstauen, Kind anschnallen und
feststellen, dass man die Karotten vergessen hat. Egal,
bis zum nächsten Einkauf geht's auch ohne.

 Einkaufen als Nicht-Mutter:

Inspiration!

Im Supermarkt wird erst mal in Ruhe überlegt, was denn eigentlich gebraucht wird. Gemütlich schlendernd wird die Tchibo-Ecke nach neuen Artikeln durchstöbert, und die neuen Duschgele von Nivea werden ausgiebig anhand von Geruch und Design bewertet.

Muss immer mit!

Nicht vergessen, niemals: Sekt für den Mädelsabend.

Gut und günstig!

Bio? Och nö – die günstige Paprika im 3er-Pack tut es auch. Weintrauben aus Indien? Mir doch egal.

Gemütlich!

Der Haken für die Handtasche kann genutzt werden, Eier kommen ganz nach oben, damit sie nicht kaputt gehen, und im Wagen ist noch jede Menge Platz für hübsche oder leckere Triebkäufe.

Weltuntergang!

Mein Gott, dieser Krach! Kann sie das Kind nicht wenigstens die kurze Zeit, die sie einkaufen geht, bändigen? Herrje, ist das laut, hoffentlich ist es im nächsten Gang besser!

du:

Wenn ich einkaufe, habe ich .... Minuten Zeit, bis die Sirene losgeht.

Das muss immer mit beim Einkaufen:

Schnulli ✓  **Was zu trinken** ✓

 **Kuscheltier** ✓ **Reiswaffeln** ✓

....

....

....

du:

Ich kann .... kg Einkäufe in den Kinderwagen laden.

Das war das größte, was ich jemals mit Kinderwagen eingekauft habe:

....

An diesem Datum habe ich mein Kind samt Kinderwagen zwischen den Supermarktregalen vergessen, und es ist mir erst an der Kasse aufgefallen:

....

Ach, das ist kein umzug?

Wo hab' ich im Keller noch mal den größten Koffer verstaut?

Die Outfits der Kinder werden akribisch durchgeplant und durchgezählt, Wechseloutfits für eventuelle Missgeschicke (Achtung, Pfütze! ... zu spät!) sind ein Muss.

Eigene Outfits müssen praktisch sein. Bequem und so gemustert, dass Kotzflecken oder Spuren dreckiger Kinderhände möglichst nicht zu sehr auffallen (weiße Kleidung ist tabu!!!). Flache Schuhe nehmen weniger Platz weg und schonen die Füße beim stundenlangen Kinderherumtragen.

21

Windelrechnung fürs Wochenende:

1. Regulär durchschnittliche Anzahl an verbrauchten Windeln **+6**

2. Anzahl der Windeln, die nicht benötigt werden, weil das Kind drei Sekunden nach Entfernen der sauberen Windel auf den Teppich pillert **−1**

3. Ersatzwindeln, die benötigt werden, falls das Kind Durchfall hat **+5**

4. Extrawindeln, mit denen das Kind während des Wickelns spielen kann **+2**

Finale Windelanzahl pro Tag pro Kind **12** Stück

Das Ziel ist das Ziel

 ### Welcher Fahrweg ist der schnellste?

Möglichst alle Umwege vermeiden, da jede zusätzliche Minute im Auto Kind und Erwachsene in den Wahnsinn treiben kann.

 ### Hunger im Auto bedeutet Lebensgefahr.

Denn wie soll man bei heulender Sirene auf den Verkehr achten? Also überlegen, welche Nahrungsmittel das Kind möglichst lange beschäftigt halten, mindestens drei verschiedene Kekssorten mitnehmen und Brei für den Thermobecher nicht vergessen, falls ein Stau die Autofahrt verlängert.

 ### Hornhaut auf den Ohren pflegen.

Die Playlist aus drei Kinderliedern und einem Song von Helene Fischer kann nur durch aktives Weghören ertragen werden.

 ### Toilettenpausen

möglichst vermeiden, am besten vor der Reise wenig trinken.

Mama

Kind

Flexibel und mit kleinem Gepäck

Für ein Wochenende reicht ein stylischer Weekender völlig aus und ist noch dazu schnell gepackt: Kosmetik und die passenden Outfits inklusive hochhackiger Schuhe – mehr wird für zwei Nächte nicht benötigt.

Der Weg ist das Ziel

 ### Das Beste an der Autofahrt ist:

Wieder mal richtig laut und lange die Lieblingsplaylist zu hören, die perfekt auf das Wochenende einstimmt. Da stört auch der kleine Stau da vorne nicht. Als Snack für unterwegs reicht das Eibrötchen von der Raststätte oder der Burger von der Ecke aus.

 ### Vielleicht liegt auch noch ein Outlet auf dem Weg?

Nicht direkt? Egal, ein kleiner Umweg macht doch nichts!

 ### Toilettenpause?

Klar, muss manchmal sein.
Aber warum muss das thematisiert werden?

Fazit der Wochenendplanung:

Die Mama entscheidet sich, doch zu Hause zu bleiben, weil der organisatorische Aufwand einfach zu hoch ist und das Kind leichte Anzeichen einer Erkältung zeigt.
Die Frau ohne Kind entscheidet sich spontan, noch eine weitere Nacht dran zu hängen.

Was sind deine wichtigsten Reiseutensilien
für dich und dein Kind?

....

....

....

Wie oft seid Ihr schon unterwegs gewesen
in diesem Jahr, und wohin seid ihr gefahren?

....

....

....

Was ist die lustigste Reise-/Ausflugssituation,
die du mit Kind erlebt hast?

....

....

....

....

....

Toilettengänge als Mutter

Können himmlisch sein oder extrem wahnsinnsfördernd! Kommt ganz darauf an, ob man das Kind mit aufs Örtchen nehmen muss oder nicht. Besondere Challenge: **Die öffentliche Toilette!**

Toilettengänge mit Kindern

sind alles andere als erleichternd. Ist das Kind noch sehr klein und eben gerade erst nach einer lauten und nervenaufreibenden Schreiattacke in der Bauchtrage am Körper eingeschlafen, sollte die Mutter am besten ganz einfach nicht müssen. Ist kurzzeitig auszuhalten, aber was tun, wenn ausgerechnet jetzt das Kind gerne zwei gute Stunden selig mit mütterlicher Körperwärme schlummert?

Kapitel 2

Die Bombenentschärfung!

Nein, damit ist nicht der Toilettengang an sich, sondern vielmehr das Ablegen des Kindes gemeint: Die Trage wird gaaaaanz vorsichtig geöffnet. Natürlich ist dies nicht mit einem Handgriff getan, sondern erfordert viel Fingerspitzengefühl, erst recht, wenn niemand zur Stelle ist, der helfen könnte. Ist die Trage geöffnet, gilt oberste Vorsicht: Das Kind muss rausgehoben und umgebettet werden. Hier kann jedes noch so leise Gelenkknacken die Bombe zum Explodieren bringen. Deshalb wird ruhig und lautlos geatmet, jeder Huster und Nieser wird mit letzter Kraft unterdrückt – von dem Gefühl, sich gleich in die Hose zu pillern, mal ganz abgesehen.

Mit Publikum auf der Bühne!

Kannst du dein Kind noch nicht allein lassen (Terror im Gitterbett), nimm es mit aufs Klo. Es wird dich fasziniert beobachten. Sollte dir das zu viel werden, besteht die Kunst darin, ein alternatives Ablenkungsprogramm zu bieten. Toilettenrollenweitwerfen und „WoistdasKindBuhhhhh" kennt wohl jede Mama.

Nicht gefehlt hat während Schwangerschaft und Stillzeit das Ausbleiben der Regel. Aber sie kommt wieder. Ein Tampon- und Bindenwechsel vor Publikum – wer träumte nicht davon?

Aber da geht noch was drüber:

Mit Kind auf der öffentlichen Toilette

Eine ganz eigene Kategorie der Notdurftverrichtung – mit der Betonung auf NOT – ist das erste Mal mit Kind in einer Supermarkt-, einer Restaurant- oder sonstigen öffentlichen Toilette.

Jede ist schon mit zusammengepressten Knien nach Hause geeilt, um das zu vermeiden.

Denn wer nun keinen Helfer zur Seite hat, der hat im wahrsten Sinne des Wortes einen hübschen Strauß von Arschkarten auf der Hand:

a) Kind bleibt im Kinderwagen sitzen

und Kinderwagen kommt mit auf die Toilette. Geht, sollte es eine Behindertentoilette geben. Sonst fällt das aus.

b) Kind bleibt im Kinderwagen

VOR der Toilettentür mit Sichtkontakt – auch für alle Frauen, die die Kabine passieren. Man kann also Smalltalk mit den vorbeilaufenden Frauen führen, gleichzeitig das Kind bespaßen und versuchen trotzdem zu pinkeln.

c) Kind wird auf den Schoß genommen.

Vorteil: Tür bleibt zu. Nachteil: alles, was mit eigener Hygiene zu tun hat.

d) Kind wird mit in die Kabine genommen

und dort auf den Boden gesetzt oder gelegt. Vorteil: Tür bleibt zu. Nachteil: die fragwürdige „Sauberkeit" von öffentlichen Toiletten. Denn jede Frau weiß wohl genau, welche unterschiedlichen Pipistellungen auf öffentlichen Frauentoiletten praktiziert werden.

Man muss also Glück haben und auf große Toiletten hoffen oder seine Hemmschwelle und Schamgefühle noch mal ordentlich herunterschrauben, obwohl man als Mutter ja sowieso schon einiges gewöhnt ist. Oder man ist eine von den komplett durchorganisierten Muttertieren, die stets eine Wegwerfwickelunterlage und die Literflasche Sagrotan dabeihaben, um das Kind bei Variante d) ekelfrei auf den Boden zu setzen/legen.

Toilettengänge ohne Kinder sind traumhaft!

Himmlisch, eine wunderbare Auszeit vom Wahnsinn. Natürlich dauern die dann auch nicht wie früher drei Minuten, sondern werden zelebriert wie ein kleiner Urlaub, fast sogar gefeiert! Streng genommen könnten diese Tage auch im Kalender rot markiert werden.

Ist das Kind erst mal in Obhut einer vertrauenswürdigen Person, ist es ganz egal, ob man muss oder nicht, MAN GEHT EINFACH TROTZDEM. Diese herrliche Ruhe! Zeitschriften werden in Ruhe durchblättert, lange Textnachrichten der Freundinnen beantwortet, und gelegentlich wird auch noch hier und da etwas in einen Online-Warenkorb gepackt *upsi*.

Sollte man die kompletten 20 Minuten nur auf dem Badewannenrand sitzend verbracht haben, Betätigung der Spülung nicht vergessen (Idee für App-Entwickler – eine dafür passende SoundApp entwickeln). Wir wollen ja glaubwürdig bleiben!

Toilettengänge als Nicht-Mutter

Ja, muss sein.
Aber warum darüber reden?
Man hat ja wahrlich
Besseres zu tun im Leben!

du:

Ich muss aufs Klo – nur wo?

Mein Kind war so ....alt
beim ersten öffentlichen Klobesuch:

Hier war ich:

Da habe ich eine Toilette gefunden:

....

So habe ich es gemacht:

....

Das ist meine Erkenntnis:

....

Kreuze an, wie dir dieser 'Besuch'
in Erinnerung geblieben ist:

◯ **fürchterlich**

◯ **peinlich**

◯ **schweißtreibend**

◯ **nicht schlimm**

◯ **hoffentlich ein Einzelfall**

Fazit: geht doch jeder so!

Glücksmomente mit Kind:

- Kuschelstunden
- Morgens wach werden mit einem süßen Lächeln
- Das erste „Mama"
- Nach langem Warten und Quälen – eine volle Windel
- Die strahlenden Augen beim ersten Stück Schoki
- Schlafende Kinder
- Wenn dein Kind dir nach längerer Abwesenheit lachend in die Arme fällt/läuft
- Wenn dein Kind freiwillig ein Stück Gemüse isst
- Kindergartenplatzzusage

- Im Indoorspielplatz jedes Spiel und Gerüst testen – natür ich nur des Kindes wegen :-)
- Das erste Eis mit deinem Kind
- Morgens noch mit deinem Kind im Bett liegen, bevor der Tag los geht
- Sich über banale Dinge freuen (Vogelzwitschern, Hundebellen)
- Enten füttern (ja ja, darf man nicht!)
- Der wunderbare Geruch des kleinen Nackens
- Kleine Hände, die deine Finger umgreifen
- Kleine Arme, die sich nach dir ausstrecken

du: ....

  ....

  ....

Geniesse die Zeit mit deinem Kind!

Es muss nicht immer alles klappen, es muss nicht alles perfekt sein. Perfektion ist langweilig! Außerdem kann dein Kind auch einfach mal mit Klopapierrollen spielen anstatt mit dem 100% biologisch und pädagogisch wertvollen Holzklötzen.

- Am Wochenende ausschlafen
- Shopping ohne Kinderwagen
- Alleine auf Toilette gehen
- Fingernägel lackieren
- Alkohol trinken, ohne an die Konsequenzen denken zu müssen
- Sex
- Ausgiebig fluchen
- Zum Friseur gehen
- Lesen
- Essen
- Kinoabende
- Freunde treffen
- Baden
- Am Wochenende ausschlafen
- Ungestört Gespräche führen
- Am Strand liegen und sonnen
- Online nach tollen Schuhen gucken
- Am Wochenende ausschlafen

du:

....

- ....

- ....

vergiss nicht, dass du nicht nur Mama bist!

Es ist schwer, sich in diesem ersten tollen, aber auch schwierigen Jahr nicht selbst aus den Augen zu verlieren.
Dein Kind ist wichtig, aber du bist es auch.
Kümmere dich um deinen Körper, deine Seele und deine Bedürfnisse! Versuche Zeit für dich einzuplanen, so schwierig das auch sein mag.

Kapitel 3

Sex

your last time
Das letzte Mal Sex vor der Geburt

Nun ist es ja so, dass bei den meisten Pärchen irgendwann der Punkt in der Schwangerschaft erreicht ist, an dem
der Sex aus unterschiedlichen Gründen nicht mehr stattfin-
det. Es scheitert beispielsweise an technischen Problemen.
Ist der Bauch erst mal so groß, dass die eigenen Füße nicht
mehr sichtbar sind, wird der Aktionsradius auch beim Lie-
besspiel extrem minimiert. Entschließt man sich dennoch,
sich nahe zu kommen, muss der Partner damit leben, die
Vagina in einem eher verwilderten Zustand vorzufinden.
Ein Zustand, den ich bisher nur aus Beobachtungen in der
gemischten Sauna kannte.

... Egal, der Partner denkt sich vielleicht auch nur „Augen
zu und durch" – wer weiß, wie oft und wie lange er dieses
Vergnügen noch hat. Denn eins ist sicher, irgendwann
erreicht auch der Mann den Punkt, an dem er dankend ab-
lehnt. Der Punkt, an dem sich das Kind dann während des
Geschlechtsaktes bemerkbar macht. Und wir sprechen hier
noch nicht mal davon, dass es sich gemeinsam mit uns in
einem Raum befindet. Nein, viel schlimmer – es ist quasi
Teil des Akts. Wenn es dann von innen heraus an die Bauch-
decke klopft, fühlt man sich ja doch irgendwie beobachtet.
Ja, das war es dann erst mal mit Sex... für die nächsten ...?!
Drei Monate? Sechs Wochen? Für das nächste Jahr?

Bei uns war das „letzte Mal"
vor der Geburt recht aufregend.
Leider nicht aufregend im sexuellen
Sinne, sondern aufregend im
Sinne – danke, das würde ich jetzt
lieber gerne vergessen.

Bereits im Geburtsvorbereitungskurs wurden wir darauf hingewiesen, dass zum Ende der Schwangerschaft durch das stärker durchblutete Gewebe während des Sex leichte Blutungen auftreten können. Ich dachte: „Ach, so was passiert anderen, aber mir nicht!" Meistens liege ich nämlich damit richtig. Hier leider nicht.

Ich war im 8. Monat schwanger, und wir hatten Sex.

Wenn man es überhaupt Sex nennen kann. Vermutlich sah es so aus, als würde ein Mann mit einem Panda ringen. Ein hocherotisches Bild hat das wohl kaum abgegeben – mit meiner riesigen Kugel konnte ich mich nachts nicht mehr ohne Baustellenkran von links nach rechts drehen. Na ja, egal, jedenfalls fing ich relativ zeitnah während des Aktes an zu bluten.

Aber richtig. ES WAR VERDAMMT NICHT WENIG BLUT.

Mist! Wie gut, dass die Hebamme uns darauf vorbereitet hatte, aber unruhig macht es einen ja dann doch – so kurz vor der Geburt. Was also tun? Abwarten? Als die Blutung nach einer Stunde immer noch andauerte und ich schon mal die Elefantenbinden nutzte (die eigentlich für die Zeit im Wochenbett gedacht waren), schrieb ich meiner Hebamme eine **WhatsApp**.

> **Heute**
>
> Liebe Isabel, es ist mir ein bisschen unangenehm, aber ich habe ein Problem. Wir hatten vorhin Sex und seitdem blute ich untenrum. Jetzt nicht so stark, als wenn ich meine Tage hätte, aber auch nicht wenig. Meinst du, das ist schlimm?
>
> 12:39

Fünf Minuten später rief Isabel an, jetzt konnte ich sogar persönlich mit ihr über mein Sexleben sprechen. **Ein Traum!** Isabel gratulierte mir erst mal, denn es sei toll, dass wir in diesem Stadium der Schwangerschaft noch Sex hätten. Dann beruhigte sie mich, empfahl mir aber dennoch, die Sache bei meinem behandelnden Arzt abklären zu lassen. **Ach, klasse!**

Ich rief also in der Praxis an und musste die Geschichte nun auch noch der Arzthelferin schildern. Diese war sich nicht ganz sicher, was sie antworten sollte und fragte zur Absicherung erst noch zwei Kolleginnen. **Super!**

Ich bin ja eigentlich ziemlich offen, wenn es um das Thema Sex geht, aber doch eher im Kreis meiner Mädels und nicht gegenüber mir völlig fremden Personen. Aber die Arzthelferin verwies mich an ein Krankenhaus, wo ich mich melden sollte. Ich rief also brav direkt auf der Entbindungsstation an, wo ich – logisch – wieder die gesamte Geschichte berichten musste. Also mittlerweile fünf fremde Menschen, denen ich von unserem „Verkehrsunfall" erzählte, und das, obwohl Sexualität in unserer Beziehung bisher eher unter Ausschluss der Öffentlichkeit stattgefunden hatte (außer dieses eine Mal, als wir in einem Hamburger Hotel die Zimmertür versehentlich offen gelassen hatten, aber das ist eine andere Geschichte). Davon konnte jetzt nicht mehr die Rede sein.

Die Hebamme am Kliniktelefon reagierte ebenfalls nicht übertrieben einfühlsam oder freundlich. Verdammt noch mal, haben die denn alle selbst keinen Sex? Ich sollte jedenfalls vorbei kommen zur Untersuchung. NATÜRLICH fand in dieser Zeit ein Personalwechsel statt, so dass ich die Geschichte erneut der Dienstbeginnenden berichtete. Diesmal nicht telefonisch, sondern von Angesicht zu Angesicht. Ich hatte mittlerweile den Punkt erreicht, mich in eine Zeitmaschine zu setzen, drei Jahre zurück zu reisen und alles gegen ein Leben im Zölibat einzutauschen. Doch daraus wurde nichts.

Man schloss mich ans CTG an, keine Wehentätigkeit, nichts. Im Untersuchungszimmer schließlich, wie sollte es anders sein, erwartete mich ein überdurchschnittlich attraktiver, überaus junger Arzt. Spätestens jetzt hätte meine Fruchtblase platzen müssen. Einfach so, hier und jetzt. Dann wäre es mir erspart geblieben, diesem, ich möchte nochmals drauf hinweisen, super gut aussehenden Arzt erneut von unserem Sex-Armageddon zu erzählen.

Am Ende des Tages wussten ungefähr neun mir völlig fremde Personen, dass ich Sex hatte und wie semierfolgreich dieser ausgefallen war. Das war er also, der vorerst letzte Tag, an dem wir intim gewesen waren, ohne Baby in unmittelbarer Nähe.

du:

Das letzte Mal war am:

Die Geburt war am:

Falls weiteres notiert werden soll,
hier ist Platz:

your first time

Das erste Mal Sex nach der Geburt

Das erste Mal. Eigentlich ja eher das „erste Mal nach dem ersten Mal".

Du hast dein Kind bekommen, und dein Körper ist mehr oder weniger lädiert und gleicht einer heruntergekommenen Ruine? Welcome to the club!

Das Wochenbett, also die ersten sechs Wochen nach der Geburt, ist – jedenfalls in unseren Breitengraden – eine verordnete Zwangspause, über die sich jede Mama, die ich kenne, gefreut hat.

Danach fangen die Fragen an, also jedenfalls war das bei mir so.

? Wann ist der richtige Zeitpunkt fürs erste Mal nach der Geburt?

? Was trägt man bzw. Frau, um sich nicht mehr wie ein zerstörtes Walross zu fühlen?

? Wo bleibt das Kind während des Akts?

? Wie viel Zeit hat man?

? Wie viel kg Gleitgel wird benötigt? Die Vagina gleicht momentan der einer Frau in den Wechseljahren, trocken wie die Sahara.

? Was habe ich für Geburtsverletzungen, wie vorsichtig müssen wir sein?

du:

....

....

....

....

....

....

Ich habe mich so einiges gefragt und mich gleichzeitig so urwohl in meinem Körper gefühlt wie noch nie zuvor in meinem Leben. Ich habe gestillt, und wenn ich es am Ende der Schwangerschaft schon als unangenehm empfand, wenn mein Mann meine Brüste anfasste, dann war es jetzt mit einem mini Wesen, das gefühlte 24 Stunden an mir und meinen Atombrüsten hing, undenkbar, dass diese beiden schmerzenden, sich selbst aufladenden Wassermelonen Teil eines sexuellen Aktes sein sollten. Leider sehen das die meisten Partner anders. Verständlich, Stillbrüste sind ja sogar für mich als heterosexuelle Frau ein echter Hingucker. Ich habe daher tatsächlich von Anfang an gesagt, dass diese so wunderschönen, prallen Monsterdinger nicht Teil unseres „neuen" Sexlebens sein würden. Das ist bei meinem Mann nicht sofort auf Verständnis gestoßen, geschweige denn auf Begeisterung.

Unser erstes Mal nach dem ersten Mal war wenig spektakulär und ich glaube weder für mich noch für ihn besonders erinnerungswürdig. Er durfte meine Brüste nicht anfassen, und auch andere Teile meines Körpers waren vorher von mir als Sperrzone erklärt worden, was das Ganze nicht unbedingt sinnlicher und erotischer gemacht hat. Während er überglücklich war, dass es endlich so weit war, habe ich mich währenddessen gefühlt wie eine schizophrene, bipolare Walrosskuh mit multiplen Persönlichkeiten, denn mein innerer Dialog ging ungefähr so:

„Ach, schön seinen Körper und seinen Geruch spüren ... Moment, hat sie gehustet, war das gerade...? Ich hoffe, mein Bauch sieht okay aus. Sein Bart kitzelt mich am Hals, hmmm er riecht so gut, ... sie riecht auch so gut, am schönsten im Nacken und am ... Aaargh! Nicht an das Kind denken, aber es ist schwierig nicht an sie zu denken, was machen wir hier gerade noch mal? Ah ja, richtig, da war ja was. So vertraut und so nah waren wir schon lange nicht ... Aua, verdammt aua, das war meine sowieso schon wunde rechte Brustwarze. Oh Gott, habe ich gegähnt? Ich bin soooo unfassbar müde. Nicht die Augen zumachen, dann nicke ich ein. Ob ihm das auffallen würde?

Küssen, oh ja, das ist schön ... habe ich heute schon meine Zähne geputzt? Oh Gott! Wann habe ich mir das letzte Mal die Zähne geputzt??? Ob ich ihr bald die Zähne putzen muss, sie hat ja schon ein paar Ansätze? Aaargh! Sein Po ist so knackig, meiner nicht, ich könnte heulen! Und die Arme hat meinen Po geerbt, so einen richtigen ... Apropos putzen, wie lange hängt das Handtuch da schon? ... AAARGH!

Leidenschaft geht anders!

Das Gute ist: Es ist völlig normal, wenn die Geburt des Kindes das Sexleben erst einmal zertrümmert und die eigene Lust erst wiederentdeckt werden muss.

Wenn du noch nicht wieder Lust auf Sex hast, nach all dem, was du in den letzten Monaten geleistet hast, ist das völlig nachvollziehbar. Wenn du es, so wie wir, schwierig findest, dich wieder auf Sex und deinen Partner einzulassen, dann stehst du damit nicht alleine da! Im Gegenteil, es ist schwierig, sich nach der Geburt eines Kindes wieder als Frau mit sexuellem Verlangen zu fühlen und das zuzulassen. Es klingt zwar abgedroschen, aber als Mama lernt man, dass der Satz: „Alles hat seine Zeit!" tatsächlich viel Wahrheit in sich trägt. Wenn wir dir etwas raten dürfen, dann das: Nimm dir die Zeit, die du brauchst, egal, was dein Partner oder alle anderen um dich herum sagen.

Noch ein abgedroschener Satz, für den wir alle im ersten Jahr hätten würgen oder ohrfeigen können, war: „Es wird besser!" Wir dachten immer „so ein Quatsch, Ihr habt keine Ahnung!" Heute müssen wir zugeben, dass es stimmt. Es wird nicht so wie früher, denn da ist auf einmal ein Mensch in deinem Leben, den du geboren hast und trotzdem nicht kennst und an den du und dein Partner sich erst mal gewöhnen müssen.

Es wird anders, aber anders muss nicht schlechter sein, Du lernst dein Kind kennen, warum nicht auch dich und deinen Partner auf eine ganz andere und neue Art und Weise?!

du:

Das erste Mal war am.

Die Geburt war am.

Ihr wart hier.

Falls Weiteres notiert werden soll, hier ist Platz:

Gedanken, die einem durch den Kopf gehen:

Wacht das Kind gleich auf?

Fühlt sich meine Scheide noch genauso an wie früher?

Wie sehen meine Brüste aus?

Habe ich den Kühlschrank zugemacht?

Was muss ich morgen noch erledigen?

41

du:

Kapitel 4

First shoe
vs. first you

Was könnte man sich als Mama alles leisten,
wenn man keine Kinderschuhe kaufen müsste ...

Kinder kosten.

Es gibt einige schöne Aufstellungen, die zeigen, wie viel
ein Kind kostet, bis es 18 Jahre alt ist. Kurz am Sofa festkrallen:
130.000 EUR. Ja, doch, doch, und wahrscheinlich ist das
noch weit weniger, als man wirklich ausgibt.

Aber als Mama denkt man darüber nicht wirklich nach.
Bis man das erste Mal Fuß in einen Kinderschuhladen setzt,
um das erste Paar (Krabbel-)Schuhe für sein Kind zu kaufen.
Der Kaufpreis zwingt einen unter ungläubigen Schreckensrufen
wie „Waaaaaas???" oder auch „Waruuum???" in die Knie.
Wie können so winzige Dinger genauso teuer sein wie Schuhe
für einen erwachsenen Menschen?

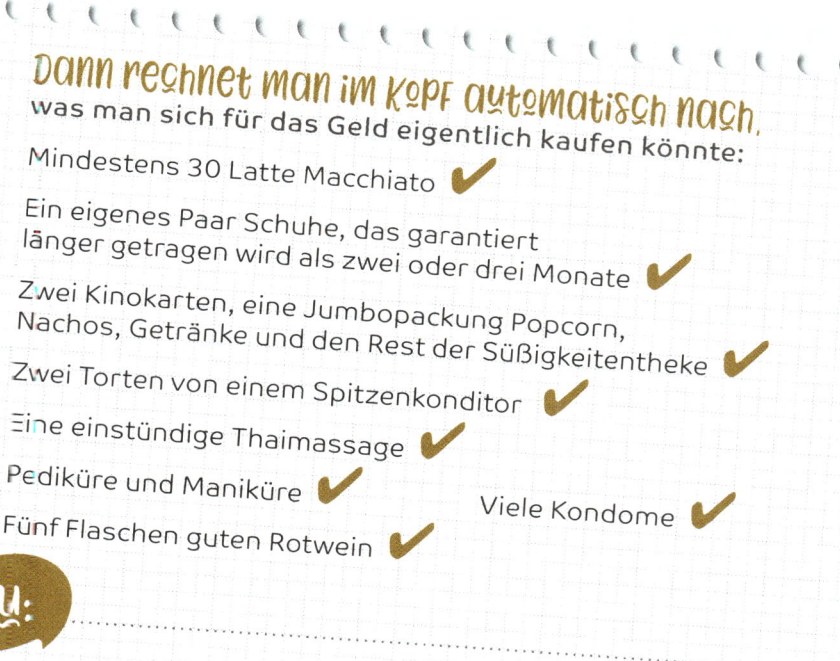

Dann rechnet man im Kopf automatisch nach,
was man sich für das Geld eigentlich kaufen könnte:

Mindestens 30 Latte Macchiato ✔

Ein eigenes Paar Schuhe, das garantiert
länger getragen wird als zwei oder drei Monate ✔

Zwei Kinokarten, eine Jumbopackung Popcorn,
Nachos, Getränke und den Rest der Süßigkeitentheke ✔

Zwei Torten von einem Spitzenkonditor ✔

Eine einstündige Thaimassage ✔

Pediküre und Maniküre ✔   Viele Kondome ✔

Fünf Flaschen guten Rotwein ✔

du:

KAPITEL 5

Festklammern oder loslassen?

Kinderbetreuung

Egal, ob du eine #workingmom oder eine #stayathome-mom bist, früher oder später möchtest du dein Kind nicht zum Einkaufen oder zum Arztbesuch mitnehmen oder denkst sogar darüber nach, wie schön es wäre, auch mal wieder etwas ganz alleine oder mit deinem Partner zusammen zu unternehmen. Wer passt dann auf dein Kind auf? Kommt darauf an, was für ein Typ Mama du bist: Hältst du dich kreischend am Kind fest und schaffst es nicht zu gehen oder schlägt die Wohnungstür schon hinter dir zu, wenn die Kinderbetreuung gerade erst reingekommen ist?

Welcher Typ Mama bist du?

Bist du eher die „mein-Kind-verdient-das-Beste-und-zwar-mich-Mama"?

☐ Du bist der Meinung, dass kein anderer dein Kind so gut betreuen kann wie du es tust.

☐ Dir fällt es schwer, deinen Tag ohne Kind zu planen.

☐ Du verzichtest lieber auf einen Saunatag mit deinen Mädels und besuchst stattdessen wie jeden zweiten Tag mit deinem Kind den Spielplatz.

☐ Du meldest dich in der Nacht via Babyfon bei deinem Kind, weil du Sehnsucht hast.

Oder bist du eher die „Loslassende-interessiert-mich-nicht-Mama"?

☐ Oma und Opa wollen das Kind für einen Nachmittag zum Spazierengehen abholen – kein Problem für dich.

☐ Wie, der dreistündige Spaziergang mit Oma und Opa ist schon vorbei? Das ging jetzt aber schnell.

☐ Du hast bereits nach dem Aufstehen Tagträume darüber, wie du abends auf dem Sofa deine Netflixserie weiterschaust – ohne Kind.

☐ Du stellst morgens unbeeindruckt fest, dass du am Abend zuvor vergessen hast, das Babyfon einzuschalten.

Kapitel 6

Zähne!

Haben oder nicht haben, das ist hier die Frage

Bis das Kind zahnt, gab es schon eine Vielzahl von möglichen Gründen, warum das Kind leidet und schreit: Hunger, Durst, Bauchweh, Müdigkeit. Und immer muss man raten, was los ist und hofft, dass das Kind bald sprechen lernt. Jetzt kommen noch Zähne dazu.

Jede Mama erlebt die Entwicklung der Zähne ihres Kindes anders. Manche Kinder bekommen einen quälenden Zahn nach dem anderen und manche fast alle gleichzeitig. Puh! Und als Mama leidet man gleich doppelt mit.

Das hilft Mutter und Kind beim Zähnekriegen:

Cremes, die ein wenig das Zahnfleisch betäuben ☺

☺ Schokolade für dich

Beißringe aus Gummi, die man bei Bedarf auch kühlen kann ☺

☺ Rotwein für dich

Bernsteinketten für die Kleinen zum Umhängen, für die, die daran glauben ☺

☺ Weißwein für dich

Stofftiere, zum Draufrumkauen ☺

☺ Pizza für dich

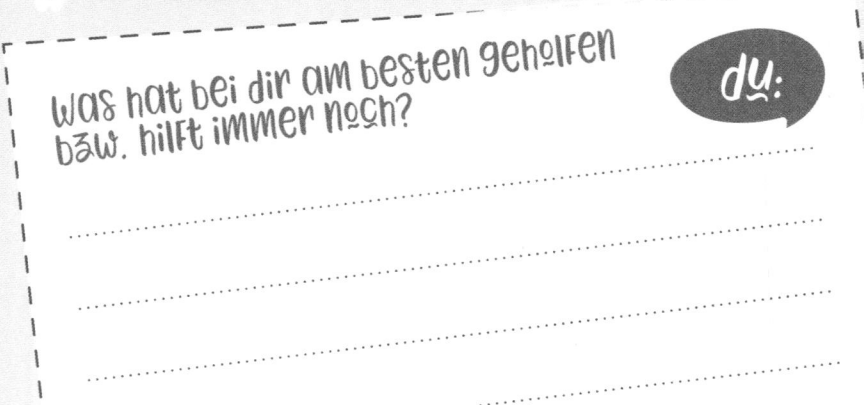

Was hat bei dir am besten geholfen bzw. hilft immer noch?   du:

....

....

....

....

So viele Zähne hat mein Kind schon (kreuze an):

Oben: 😊 😊 😊 😊 😊 😊 😊 😊

Unten: 😊 😊 😊 😊 😊 😊 😊 😊

Datum: ....

Gefühlt, hat es in dieser Zeit so viele Zähne bekommen:

Gefühlt, waren die Zähne so groß:

du:

Kapitel 7

Anlegen oder anrühren?

Stillen oder nicht stillen, da scheiden sich die Geister

Beim Essen klaffen die Meinungen ja bekanntlich weit auseinander. Es gibt Mamas, die, wenn sie es können, das erste Jahr ausschließlich stillen und andere, die ihren Kindern auch oder nur andere Nahrung anbieten. Wir hatten beide das Glück stillen zu können und wollten das auch, und nein, das macht uns nicht zu besseren Mamas. :-)

Eine von uns hat ein Jahr lang gestillt und die andere ein halbes.

Vorteile beim Stillen:

- 💚 Fläschchen und Milch sind immer mit dabei, solange Mutter und Kind nicht getrennt sind.

- 💚 Essen ist nicht zu heiß und nicht zu kalt.

- 💚 Bei akutem Hungergefühl (laut!) kann sofort geholfen werden.

- 💚 Abwehrkräfte galore

- 💚 Muttermilch kann für alles verwendet werden, entzündete Augen, fürs Baden, zum Kochen ... ach nee, das sollte doch unser Geheimnis bleiben.

du:

....

....

....

Vorteile beim Füttern:

♥ Der BH bleibt trocken

♥ Man kann nachts auf dem Bauch schlafen

♥ Das Kind kann von anderen gefüttert werden

♥ Die ersten Zähne tun nur dem Kind weh

♥ Ich kann in der Öffentlichkeit füttern, ohne das T-Shirt hochzuziehen.

du: ....

....

....

Ich habe:

☐ Nicht gestillt

☐ Gestillt, und zwar........................... Monate

☐ Ich habe abgestillt, weil.........................
....

☐ Ich hatte...........................mal
entzündete Brustwarzen!

kapitel 8

FAQ

Kaum ist man mit Kind unterwegs, werden Fragen gestellt, als wäre man beim Familien-TÜV und als hätte jeder das Recht, über diese Dinge informiert zu werden.

Das ultimative Mama-FAQ:

1. Ist es ein Mädchen oder ein Junge?
2. Wie heißt es?
3. Gibt es einen Papa dazu?
4. War es eine natürliche Geburt oder Kaiserschnitt?
5. Wie sind die Nächte?
6. Schläft das Kind schon durch?
7. Kann es schon lächeln/krabbeln/laufen/sprechen?
8. Kann der Papa auch wickeln?
9. Stillst du immer noch?
10. Hat es schon Zähnchen?
11. Hast du gehört, dass es schreit?
12. Wann gibt es denn ein Geschwisterchen?
13. Wann gehst du wieder arbeiten?
14. Trägst du sie/ihn immer mit dir herum?
15. Ist das nicht das größte Glück?!
16. Schläfst du genug?
17. Lässt du es impfen?
18. Riechst du das auch?

du: ....
....
....
....
....

und hier auch noch unsere Favoriten für zwillingseltern:

1. Zwillinge? Ach, wie toll,
   alles in einem Abwasch erledigt.

2. Zwillinge? Das ist bestimmt anstrengend!

3. Sind das Zwillinge?

4. Später wird es toll, denn dann haben
   die beiden immer jemanden zum Spielen.

5. Zwillinge? Wollte ich auch immer haben.

6. Meine Cousine ist auch Zwilling.

du: ....

....

....

....

....

Kapitel 9

Gut zu wissen oder auch nicht!

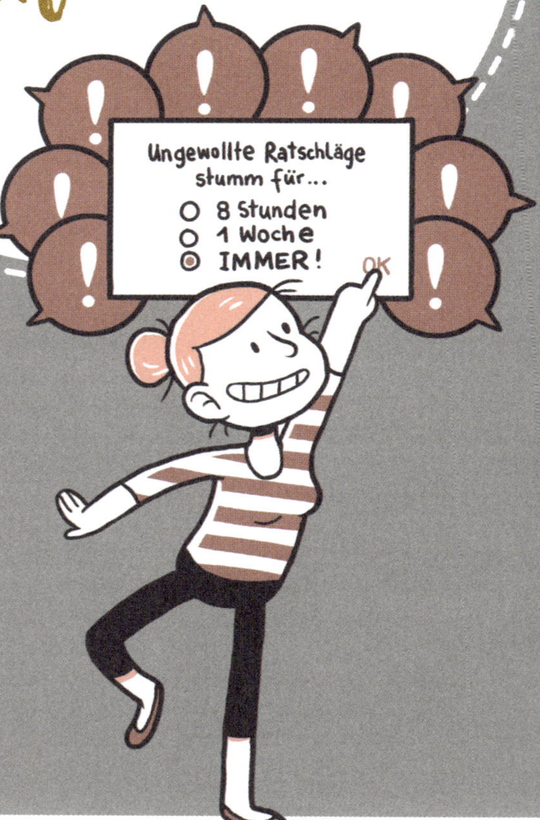

Gut gemeinte Ratschläge und Weisheiten:

Gut, als frisch gebackene Mutter hat man zwar ein Baby, aber noch keine Erfahrung damit. Gerade deshalb aktiviert man bei unglaublich vielen Menschen ein Helfersyndrom und wird überschüttet mit Weisheiten und guten Ratschlägen. Vor allem andere Mütter, auch die eigenen, sind ganz wild darauf, einen mit ihren „Profitipps" zu versorgen.

Wir haben auf Instagram nachgefragt, was andere Mütter so an guten Ratschlägen erhalten haben, und die „schönsten" und absurdesten Ratschläge und Weisheiten hier für dich gesammelt. Mit ordentlich Platz für deine eigenen Lieblingsstücke.

Ratschläge:

Man muss Kinder auch mal schreien lassen, das tut ihren Lungen gut.

Du darfst dein Kind nicht so verwöhnen, du musst es schon in den ersten Monaten erziehen, sonst tanzt es dir nachher auf der Nase rum.

Wenn dein Kind neben dir im Bett schläft, wird es nachher nie im eigenen Bett einschlafen.

Gib deinem Kind in den ersten Wochen auf keinen Fall einen Schnuller, sonst trinkt es nicht mehr von deiner Brust.

Schlaf, wenn das Kind schläft.

Leg dein Kind auf die Seite, sonst bekommt es einen flachen Hinterkopf.

Leg dein Kind auf den Rücken, das ist die sicherste Position

Irgendwann hören sie nicht mehr auf zu reden, also genieß jetzt noch die Ruhe.

du:

....

....

....

....

....

....

....

....

....

....

....

weisheiten:

Es wird leichter, wenn sie älter sind.

Kleine Kinder = kleine Sorge,
große Kinder = große Sorgen.

Ein Kind ist kein Kind.

So etwas hätte es früher nicht gegeben.

Ganz die Mama!

Muttermilch ist das einzig
Wahre, auf keinen Fall darf es
mit der Flasche ernährt
werden, sonst ...
(tut sich das Vortor zur Hölle
auf, oder was?!)

Es ist nur eine
Phase, das vergeht.

Speikind = Gedeihkind

Das verwächst sich.

Augen zu und durchhalten.

Wie man Babys beruhigt:

shh shh

mm. mmm

Du musst nur:

♡ Kind auf den Arm nehmen und gehen

♡ dabei im richtigen Rhythmus wackeln

♡ dabei mindestens 100 Mal das gleiche Lied singen

♡ dabei im Uhrzeigersinn streicheln

♡ dabei Händchen halten

♡ dabei „Shhh shhh shhh" machen

♡ dabei beruhigend brummen

♡ dabei Schnuller oder eigenen Finger in den Mund schieben

Einfach, oder?

wie man den Tag mit dem Baby rumkriegt:

- ♥ Das Kind waschen und wickeln

- ♥ Erfundene Lieder singen (z.B. „Eine neue Windel ist wie ein neues Leben")

- ♥ Fördernde Übungen machen und danach herausfinden, dass sie doch nicht fördern

- ♥ Das Kind waschen und wickeln

- ♥ Dem Kind die Wohnung zeigen und so tun, als wäre alles super spannend („Guck mal der Kühlschrank, woooow!")

- ♥ Dasselbe draußen („Guck mal der Baum, woooow!")

- ♥ Das Kind waschen und wickeln

- ♥ Alles im Haus erklären („Das ist das Klo, du musst auch bald lernen, wie man das benutzt." „Das ist die rechte Wand, die stützt die Decke.")

- ♥ Dasselbe draußen („Das ist ein Mülleimer. Das, was für dich zu Hause der Boden ist.")

- ♥ Freunde treffen und so viel Kuchen wie noch nie in deinem Leben essen

- ♥ Das Kind in einem Drogeriemarkt waschen und wickeln

- ♥ Die Schlafphasen so perfekt timen, dass man dann zu Hause ist und Zeit für sich hat

- ♥ Mit dem Kind reden, in „seiner" Sprache und in deiner

- ♥ Das Kind waschen und wickeln

Nach diesen bereichernden und hilfreichen Tipps und Weisheiten *Hüstel* ein einziger, den wir wirklich für sinnvoll halten: Hör dir bloß keine gut gemeinten Ratschläge an und vor allem nicht von anderen Mamas, dein Kind ist ein Einzelstück und ganz anders als unsere. Aber wenn du doch einen möchtest, dann:

Höre auf dein Gefühl, höre zu, was dir dein Körper und deine innere Stimme sagen, denn dann liegst du zu 99% richtig.

Und für den restlichen eine Prozent hast du ja immer noch all die anderen gut gemeinten Ratschläge.

Also miss dich nicht mit anderen Müttern, mach es so, wie du es für richtig hältst und lass andere es so machen, wie sie es am besten finden. Mütter untereinander sollten sich helfen und sich gegenseitig dafür bewundern, dass sie sich auf das Abenteuer Kind eingelassen haben. Viele Wege führen zum Ziel, und selbst wir Mütter sind irgendwie groß geworden. (Unglaublich, wenn man an die Ratschläge denkt, die unsere Mütter bekommen haben!)

Kapitel 10

Abgehangen oder aufgestanden

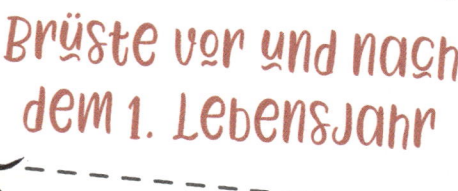

Brüste vor und nach dem 1. Lebensjahr

Deine zwei hervorstechendsten Körperteile ...

... sind seit der Schwangerschaft außer Kontrolle geraten. Erst hast du das Gefühl, die Dinger pumpen sich selbst zu DoppelD-Bomben auf, nur, um nach der Geburt von einem hungrigen Mäulchen gierig zerkaut zu werden. Verständlich, dass sie sich und dich nach dieser monatelangen Tortur ganz schön hängen lassen.

Zeichne ein,

wie deine Brust vor der Schwangerschaft und während der Stillzeit aussah und wie sie jetzt aussieht:

vorher:

nachher:

beim Stillen:

Kapitel 11

Ja, klar!

65

WAAAAH!

sätze, die dir als Mama niemals über die Lippen gehen:

- (···) Mein Gott, hab ich gut geschlafen!

- (···) Natürlich spielen wir heute Nacht um ein Uhr mit den Bauklötzen.

- (···) Du bist so zum Knuddeln, wenn du von oben bis unten den Strampler vollgekackt hast.

- (···) Willst du mir auf der Toilette Gesellschaft leisten?

- (···) Ja, fremde Frau, die ich noch nie in meinem Leben getroffen habe, fassen Sie ruhig mein Kind an!

- (···) Wenn du etwas nicht essen magst, wirf es doch einfach auf den Boden.

- (···) Danke, ich dachte, das wären einfach Nudeln mit Tomatensoße, aber du zeigst mir, dass man damit auch performance art machen kann.

- (···) Doch, ich singe total gerne Gute-Nacht-Lieder, jeden Abend, in heavy rotation!

- (···) Hach, ich liebe es einfach, wenn ich es mir gerade auf dem Sofa gemütlich gemacht habe und du dich direkt via Babyfon meldest!

 du: ....

....

....

....

Kapitel 12

Spielkreise

vorstellung:

Wunderbar! Eine großartige Erfindung für Mutter und Kind. Also rasch anmelden und entspannt und pünktlich beim Kurs ankommen, Kuschelsocken anziehen und damit gefühlt den Gemütlichkeitsgrad des heimischen Sofas erreichen. Kind ebenfalls mit Stoppersocken ausstatten, damit es nun 1,5 Stunden mit den anderen Kindern friedlich zusammen spielen kann. Währenddessen mit anderen Müttern bei einem cremigen Cappuccino über aktuelle Fashiontrends unterhalten und gesammelte Rabattcodes für Rossmann, dm & Co. austauschen. Denn sind wir mal ehrlich, wer kauft nicht gerne die beste Erfindung des 21. Jahrhunderts - Feuchttücher - im Sparpaket?

Sollte das ein oder andere Kind doch tatsächlich weinen,

kümmert sich die Kursleitung rührend und voller Elan darum, dass die Stimmung schnell wieder besser ist. Am Ende des Kurses umarmen sich alle Mamas herzlich, verabreden sich für den Nachmittag in einem Mutter-Kind-Café, und jede fährt mit einem zufriedenen Baby nach Hause.

Wahrheit:

10 Minuten nach Kursbeginn abgehetzt und verschwitzt im Kursraum erscheinen. Drei weitere Mütter folgen kurz darauf, ebenfalls zu spät und sichtlich gestresst. Bei 80% der Zuspätkommer ist das Kind schuld. NATÜRLICH! Abfahrtbereit im Maxi Cosi wurde die Windel so voll gebrettert, dass die Ladung oben am Bodyansatz des Halses wieder herausquillt. Also abschnallen, ausziehen, waschen, neu anziehen, anschnallen. Selbst bleibt man während der Aktion im Mantel, damit nicht alles noch länger dauert. (Stichwort: Verschwitzt!)

Mit gefühlt 120 km/h Richtung Spielkreis kacheln, bis Kind aus unerklärlichen Gründen anfängt zu brüllen. Runter vom Gas, Handyplaylist nach beruhigendem Kinderlied durchsuchen, ah, da: „Anne Kaffeekanne":

> **Daaaaa flog sie, oh Pardon,**
> **auf dem Besenstiel davon**
> **geradeaus übers Haus**
> **dreimal rum und hoch hinaus.**

Kind brüllt lauter als zuvor, verdammt! Scheint heute nicht der Gute-Laune-Song zu sein. „Eule mit der Beule" hilft. Puh!

Leider interessiert das nicht die Polizei, die verzweifelten Handyaktivitäten der Mutter wurden beobachtet, das Auto rausgewinkt, die Mutter ermahnt und mit Verwarngeld zur Kasse gebeten.

Im Kursraum feststellen, dass die Stoppersocken noch zu Hause auf dem Sofa liegen. Die des Kindes ebenfalls. Dafür sind alle anderen Kinder mit Noppen gepflastert: Fußsohlen, Fußrücken, Knie und Schienbeine sind genoppt, sagenhaft!

Ein weiterer Blick macht klar, dass die anderen Mütter nicht unbedingt der Typ Frauen sind, die man sich in freier Wildbahn als Freundin ausgewählt hätte. Man selbst sieht sich ja nicht als die typische Mutter. Statt des cremigen Cappuccinos stilles Wasser trinken, Dauereinsatz, um unfriedliche und laute Kinder davon abzuhalten, sich um jedes noch so belanglose Spielzeug zu streiten, statt netter Gespräche.

Dann der Höhepunkt, die „Obsttellerpause"!

Die Klopperei um Spielzeug wird unterbrochen durch die Klopperei um Obstschnitze. Die Kinder sitzen im Kreis, und der Obstteller geht reihum. Jedes Kind darf selbst zugreifen. Oft. Bis es sich für einen Obstschnitz entscheidet. Das mit den ungewaschenen Fingern angetatschte, liegengelassene Obst bleibt fürs nächste Kind auf dem Teller. Juhu!

Zwei Tage später die Quittung:

Magen-Darm!

Im WhatsApp-Verlauf erfahren, dass alle anderen Kinder, die diesen Spielkreis besucht haben, ebenfalls erkrankt sind. DANKE, OBST! (In dem Fall wäre püriertes Obst in hygienischen Quetschbeuteln doch echt eine sinnvolle Anregung für die Spielkreispause.) Aufgrund des Infekts fallen die nächsten zwei Spielkreise für Mama und Kind aus, stattdessen wird im Akkord vollgebrochene Wäsche gewaschen – **ein Traum!**

> Das bringt uns direkt zum **Lieblingsthema** einer jeden Mutter, den **Kinderkrankheiten.**

KAPITEL 13

Kotzen und rotzen

krankheiten,
die dein kind treffen und
womöglich auch dich

Vor der Geburt deines Kindes hattest du wahrscheinlich keine Vorstellung davon, was für eine Bazillenschleuder so ein kleiner Mensch sein kann. Keime, Viren und Bazillen testen das ungeübte Immunsystem der neuen Erdenbürger. Schrecklich, wenn es deinem Kind schlecht geht!

Und was für ein Glück, wenn hinterher alles gut überstanden ist. Aber geteiltes Leid ist halbes Leid, und so teilen die Kinder ihre Krankheiten oft genug großzügig mit den Erwachsenen. Und wir an dieser Stelle unsere drei Klassiker mit euch.

Rotz und Schleim: Alles fließt!

Eigentlich total widerlich: Rotze! Zum Glück ist die des eigenen Kindes überhaupt nicht ekelig. Auch nicht an den eigenen Klamotten. Solange zwei Drittel der Kleidungsstücke rotzfrei sind, wird sich nicht umgezogen. Um eine wirklich zugepopelte Nase von lästigem Schleim zu befreien, bedient sich die geübte Mutti des Popelsaugers. Bringt der auch nichts, wird der Rest mit den eigenen Fingern rausgebohrt, #momlife und so. Zudem sind Kinder eigentlich ständig und immerzu voller Rotze, wer hätte gedacht, dass man sich daran so schnell gewöhnt.

du:

So putze ich meinem kind die Nase:

Schlägt aus: Hand-Mund-Fuß

Hand, Mund, Fuss? Hat mein Kind alles, zum Glück! Ach Mist, das ist eine Krankheit?

Ein mieser Virus, der einen leider auch mehrmals anfallen kann. Wenn man ‚Glück' hat, kommt das Kind mit ein paar wenigen pockenartigen Malen davon (so sieht es also später mal in der Pubertät aus), wenn man zum Rest gehört, dann sieht das Kind aus wie ein Masern-Windpocken-Experiment auf Steroiden und hat die Pusteln über den ganzen Körper gleichmäßig verteilt – von wegen Hand und Fuß! Das Mutterherz fängt spätestens dann an zu bluten, wenn auch der Mund betroffen ist und jede noch so kleine Mahlzeit zur Tortur wird. Angesteckt stellt man fest, dass Lippenherpes nur der kleine Bruder ist und man mit einem Mund voller Aften wirklich nicht essen KANN. Zwar verliert man so spontan und ungeplant das eine oder andere Kilo, aber dank der Nervennahrung Schokolade findet es sich schnell auf Bauch und Hüften wieder ein.

73

du:

Ausschläge, die mein Kind schon hatte:

....

....

....

....

....

....

Alles muss raus! Magen-Darm, in sämtlichen Ausführungen.

Unser Topfavorit – ihr kennt ihn!

Die Krankheitsliste könnten wir natürlich endlos weiterführen, aber zum Glück gibt es im ersten Jahr als Mama ja nicht nur kranke Kinder! Wir finden, mit den drei Schätzchen hier reicht's erst mal. Zumal alle drei hochansteckend sind. Und wer kann nach Monaten ohne regelmäßigen Schlaf von einer guten Abwehr zehren? Richtig, wir auch nicht.

So ein richtig gut ausgeprägter Magen-Darm-Virus ist, im wahrsten Sinne des Wortes, zum Schießen! Auch und vor allem bei Müttern, die im Vorfeld voller Arroganz behauptet haben: „Ich kriege das nicht, ich hatte das noch nie, keiiin Problem." Wie jede andere wird sie demütig angesichts dieses verlässlichen Krankheitsverlaufs:

Typischer Krankheitsverlauf bei Magen-Darm:

1. **Ob der Terminkalender randvoll oder völlig leer ist,** ist egal, denn wann passt einem ein Magen-Darm-Infekt schon in den Terminkalender? Auf jeden Fall ist so ein Infekt nicht planbar.

2. **Nur manchmal wahrscheinlicher.** Zum Beispiel, wenn man nichtsahnend vormittags am Spielkreis teilnimmt. Das Kind ist aufgeräumt und gesund und isst erstaunlicherweise sogar sehr viel Obst vom Obstteller.

3. **Wieder zu Hause** möchte das Kind nichts essen, sogar die heißgeliebten Kekse bleiben unberührt.

4. **Ob das Kind danach** freiwillig Mittagschlaf macht oder total aufgedreht ist, ist typenabhängig.

5. **Jedenfalls hört man später,** das Kind war schon eingeschlafen, via Babyfon dieses Geräusch, DAS Geräusch! Das,
wovor sich alle Eltern, die Erfahrung damit haben, fürchten.

6. **Man eilt herbei und findet am Ort der
Katastrophe** im Zentrum das Kind, von oben bis unten in
Erbrochenem liegend, dazu im Umkreis von ca. 1,5 m Spuren
des mit Hochdruck als Sprühregen ausgeschiedenen Magen-
inhalts.

7. **Das weinende Kind wird abgeduscht,** versorgt,
gekuschelt und getröstet. Das Bett und Zimmer werden
gesäubert und für den Fall eines erneuten Ausbruchs
mit Einmalwickelunterlagen ausgelegt. Alle sich im Haushalt
befindlichen Handtücher werden neben das Bett gelegt,
nur zur Sicherheit.

8. **Noch herrscht Hoffnung,** dass das Kind lediglich ein Le-
bensmittel nicht gut vertragen hat und die Aktion
einmalig war.

9. **Pustekuchen!** Zwanzig Minuten später wird der gülleartige
Beweis geliefert, dass alle relevanten Körperöffnungen
genutzt werden, um sich der aufgenommenen Nahrung
zu entledigen. Jetzt kommt die Windel an ihre Grenzen, es
wiederholt sich Schritt 7, wobei die Reinigung von Bett und
Zimmer wegen der bereits getätigten Maßnahmen deutlich
schneller geht. Immerhin.

10. **Alle Termine der Woche werden abgesagt.**
Die unerfahrene Mama denkt nicht an Ansteckungsgefahr
und bietet ihrem Partner an, die Nachtschicht
zu übernehmen. EPIC MISTAKE!

11. **Der Partner wird zur Apotheke geschickt,** um Elektrolytlösung und Traubenzucker zu besorgen.

12. **Die nächsten Tage und Nächte** (Schlafen? Eher weniger!) sehen so aus: Die Waschmaschine wird gefüllt (Bröckchen vom Laken pflücken oder mit in die Waschmaschine packen?), das Kind versorgt, getröstet, das Bett neu bezogen, das Kind gekuschelt, die Waschmaschine gelobt, das Bett neu bezogen, das Kind gefüttert (trinken, trinken, trinken!!!), die Waschmaschine angebetet, das Kind getröstet, das Bett neu bezogen, die Waschmaschine bekommt einen Namen und wird zur besten Freundin.

13. **Nach dem dritten Tag denkt man,** alles sei geschafft, denn das Kind hat sich ganze zwanzig Stunden nicht übergeben, yayyyyyyyyyy!!!

14. **Das Kind ist wieder topfit,** isst alles und behält alles bei sich.

15. **Es will spielen,** während man selbst ein wenig Schwindel empfindet und das leichtfertig auf den Schlafmangel schiebt.

16. **Ohhh nein!** Zu früh gefreut.

17. **Man schaut den Tatsachen ins Auge** und der Toilette in die Schüssel. Und während man innige Freundschaft mit der Toilette schließt, versucht man deren Konkurrenzkampf und Eifersüchteleien mit der Waschmaschine zu ignorieren.

18. **Nach vielen innigen Umarmungen** mit der Toilettenschüssel hat man den Beweis, dass ein Leben auf Klofliesen möglich ist und gewollt sein kann.

19. **Nach fünf Tagen** ist alles überstanden, sowohl bei Mama als auch beim Kind.

20. **Hast du gedacht,** denn jetzt klagt der Partner über Magenschmerzen.

21. **Herzlichen Glückwunsch :-)**

du:

Deine besten Freundinnen bei Magen-Darm sind:

....

....

....

**Wenn du ihnen Namen gegeben hast,
wie heißen sie?**

.... → ....

.... → ....

.... → ....

.... → ....

.... → ....

.... → ....

Kapitel 14

Zuckerfrei

Das erste Jahr mit oder ohne Zucker, also fürs Kind, nicht für dich :-)

Es ist nicht einfach, aber vielleicht hast du das erste Lebensjahr gemeistert, ohne dass dein Kind mit Industriezucker in Berührung gekommen ist. Kein Zucker im ersten Jahr heißt anders gesagt, dein Kind hat ein Jahr lang tolle Naschereien verpasst.

Woher kommt dieser Trend, seinem Kind im ersten Lebensjahr den Zucker zu entziehen? Stattdessen werden Linsenchips, püriertes Obst in Quetschbeuteln, zuckerfreie Fruchtschnitten und Reiswaffeln angeboten. Gefühlt hat sich das Sortiment der Kleinkindknabbereien in den letzten zwei Jahren verhundertfacht. Kein Wunder, die Nachfrage ist enorm. Mütter übertrumpfen sich gegenseitig mit neuen zuckerfreien Entdeckungen, die das Kinderherz höherschlagen lassen sollen. Klar, solange Kinder nicht wissen, wie süße Dinge schmecken, können sie in Ruhe an ihrer Reiswaffel lutschen, während Muddi ihren Kaffee und das Stück Kuchen genussvoll zu sich nimmt. Aber, sind wir mal ehrlich, wie erstaunt, beglückt, begeistert, andächtig und wonnevoll war bitte der Blick des Kindes, als es zum ersten Mal vom Eis schlecken durfte?! Wie groß war die Freude über das erste kleine Päckchen Gummibärchen und das erste Stück Schokolade?! So muss Columbus geschaut haben, als er die Küste Südamerikas erblickt hat: Da ist sie! Die Entdeckung eines neuen Kontinents – des Kontinents des Genusses!

Natürlich ist Zucker nicht gesund. In Mengen! Und natürlich muss ich meinem Kind den Tee nicht mit Zucker anrühren, aber ein Leben ganz ohne Zucker? Kann man ja mal im Selbsttest probieren.

Ein ganzes Jahr? Wahnsinn!

Das bekommt mein Kind zum Knabbern:

mit zucker:

ohne zucker:

Welche Knabberei hast du deinem Kind gekauft,
und zwar deshalb, weil DU sie gerne isst:

Das erste Eis hat mein Kind

im Alter von ☐ Monaten/Jahren

gegessen.

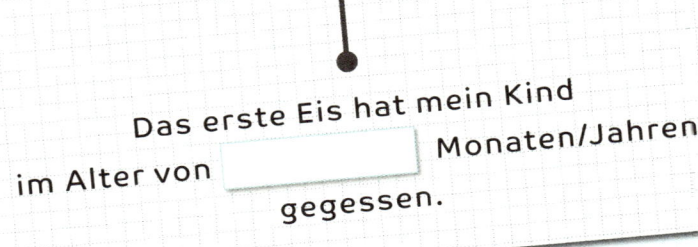

Ich musste mich schon wegen
gesüsster Kindernahrung rechtfertigen

Ja ☐   ☐ Nein

friends – let's make memories

Neue und alte Freunde und wie sich alles verändert.

Wir haben im ersten Lebensjahr unserer Kinder festgestellt, dass Kinder nicht nur das eigene Leben auf den Kopf stellen, sondern sich auch auf das Leben der Freunde auswirken, die einen vorher eben nur ohne Kind kannten. Freundschaften verändern sich, man verliert sich manchmal aus den Augen und findet neue Freunde durch die neue Rolle ‚Mama'.

Was hast du früher ohne Kind mit deinen Freunden gemacht?
(Kreuze an)

- [ ] Kino
- [ ] Wein trinken
- [ ] Lästern
- [ ] Feiern ohne Ende
- [ ] Rauchen
- [ ] Saunabesuche
- [ ] Spontane Kurztrips

☐ Konzerte

☐ Einfach mal die Nacht durchmachen

☐ Trinkspiele

du:

....

....

....

Was machst du mit deinen Freunden, seitdem du Mama bist?

☐ Darüber reden, wie müde du bist

☐ Schokolade essen

☐ Deine Freunde schuckeln und shhhh sagen, wenn sie traurig sind

☐ Volle-Windeln-Weitwurf spielen

☐ Neue Trinkspiele ausdenken: „Na, ist das Muttermilch oder Pre-Nahrung...?"

☐ Darüber reden, wie die durchwachte Nacht war, die dir dein Kind beschert hat

☐ sich die Lovestorys von kinderlosen Freunden anhören und jede Sekunde Tratsch genießen :-)

☐ Pläne schmieden, was man gemeinsam am ersten kinderfreien Abend so anstellen will

du: ....

....

....

....

....

Freundschaften wollen gepflegt werden, das geht, auch wenn du keine Zeit mehr hast, ständig und stundenlang mit deinen Freundinnen zu telefonieren. Eine Freundin hat mal gesagt: „Es passiert so viel in unseren Leben, dass wir vielleicht keine Zeit mehr haben uns ständig anzurufen, also lass uns Erinnerungen schaffen, kurze Zeitfenster, von denen wir zehren können."

So unterschiedlich dein Kind im Vergleich zu anderen ist, so unterschiedlich sind deine Freunde. Die Freunde mit Kindern werden dir gerade vielleicht näherstehen als die ohne, ganz einfach, weil sie nachvollziehen können, was für einen Wahnsinn du gerade erlebst. Die ohne Kinder verstehen eventuell nicht genau, dass dieses kleine neue Wesen dein Leben komplett auf den Kopf gestellt hat und du nicht mehr so verfügbar bist wie früher.

Es gibt Freunde, die möchten keine Kinder, vielleicht können sie auch mit deinem Kind nicht viel anfangen. Nicht schlimm, dann trifft man sich eben ohne Kind. Schwieriger wird es mit Freunden, die unbedingt Kinder wollen, aber keine bekommen können. Wir glauben, dass es wichtig ist ehrlich zu sein, zu sich selbst und zu seinem Gegenüber. Man kann sagen, dass man nicht weiß, wie man mit der Situation umgehen soll oder man fragt, was genau der Person jetzt guttun würde. Vielleicht ist es zum Beispiel besser, sich vorerst ohne Kind zu treffen.

Manchmal möchtest du dich als Mama aber vielleicht auch einfach nur mit anderen Mamas austauschen: „Schreit dein Kind auch so laut, schläfst du? Ach, Gott sei Dank, deins hat auch schon Schoki bekommen."

Wenn du nicht das Glück hast eine Clique von Freunden zu haben, die auch schon Kinder haben, dann kann es wirklich hilfreich sein, sich nach anderen Mamas umzugucken. Die Frage ist nur, wie? Einfach auf andere Mamas auf der Straße zustürmen und sie darum bitten deine neue beste Freundin zu werden und sie vielleicht mit Schokolade bestechen? Eine von uns hat darüber tatsächlich nachgedacht!

Neue Freunde mit Kindern – hier sind sie möglicherweise zu finden:

im Internet nach Gleichgesinnten suchen

verschiedene Baby-kurse besuchen – in fast jeder Stadt/ Gemeinde gibt es ein Angebot von Kursen, die Mamas zusammen mit ihrem Kind besuchen können.

Auf Spielplätze gehen, die Schicksals-gemeinschaft Sandkasten-rand bietet zahlreiche Anknüpfungspunkte für nette Gespräche.

Spielgruppen besuchen, man kann auch Glück haben!

Spätestens in der Krippe oder im Kindergarten triffst du auf andere Mütter, und am Anfang kannst du dein Kind noch mit dem Kind der Mutter verabreden, die dir am sympathischsten ist.

welche alten Freunde hast du seit der Geburt deines Kinds aus den Augen verloren?

du:

....

....

....

....

....

welche neuen Freunde hast du seit der Geburt deines Kindes dazu gewonnen?

du:

....

....

....

....

Kannst du dich noch über etwas anderes als über Kinder unterhalten?

Das sind Themen, über die du gerne sprichst, und die echt gar nichts mit Kindern zu tun haben:

du:

....

....

....

....

....

....

....

....

....

Super, dann triff dich möglichst bald wieder mit deinen alten Freunden und freue dich darüber, dass sie da sind und ihr euch immer noch etwas zu erzählen habt!

KAPitel 16

Unnötig

Anschaffungen, die sein mussten. Oder eben auch nicht

Du kennst es wahrscheinlich, kaum hält man den positiven Schwangerschaftstest in der Hand, drehen die Hormone durch! Die Hormone, die dafür zuständig sind, dass unsere Kreditkarte heiß läuft, der Mann ins Schwitzen gerät und der Paketbote täglich an der Tür klingelt.
Es geht ums Shoppen für das Kind. Während der Schwangerschaft bekommt man die wildesten Ideen, welche Dinge man alle für ein neugeborenes Baby benötigt. Pinterest, Instagram und Schwangerschaftsratgeber tun ihr übriges. Wer kann von sich behaupten, nicht selbst auch mindestens eine Sache gekauft zu haben, die so was von völlig unnötig war und noch unbenutzt in der Originalverpackung im Schrank in der hintersten Ecke liegt?
Wir jedenfalls nicht!

Nicht umsonst sollte es dich stutzig machen, wenn du in einschlägigen Secondhand-Shops via App Babyutensilien findest, die noch komplett neu sind. Allein diese Tatsache sollte ein Hinweis darauf sein, dass auch du diesen Gegenstand sicher nicht brauchen wirst. Filtere die Suche lieber nach Dingen, die mit „leichte bis starke Gebrauchsspuren" markiert sind, DAS sind Dinge, die du ziemlich sicher gebrauchen kannst.

Wie dem auch sei, jetzt ist es eh zu spät, dein Kind ist vermutlich über ein Jahr (ansonsten hat der Schenker dieses Buches den Sinn und Zweck des Buches nicht verstanden, oder du hast dir das Buch einfach selbst gekauft, weil das Cover so ansprechend war ;-)) und du weißt selbst am besten, was wirklich nötig war und was nicht.

Wir haben bei Instagram nach den unnötigsten Anschaffungen anderer Mamis gefragt.

Hier sind unsere Favoriten:

Judi_bu: Teelichter-Dekoration fürs Babyzimmer, für ein romantisches entspanntes Licht beim nächtlichen Stillen.

Unser Kommentar: Romantisch und entspannt ist ja schnell vorbei, wenn die Feuerwehrsirene ertönt.

Jana_einfach: Ein Laufstall für das Wohnzimmer! Obwohl der zum Spielsachen aufbewahren eine gewisse Zeit praktisch war ;-).

Unser Kommentar: Been there, done that.

Derleut: Erziehungstipps per E-Mail. 40 € pro Mail.

Unser Kommentar: Dein Ernst :D???

Marley.lou: Heizstrahler in einer Dachgeschosswohnung und Sommerkind :D (ich war jung).

Unser Kommentar: Hättest du die Geburt nicht noch ein zwei, drei Monate rauszögern können?

Land_froilein: Ein superteures Regenerationsspray für den Intimbereich, damit der Dammriss besser verheilt. Dann kam es aber zu einem ungeplanten Kaiserschnitt.

Unser Kommentar: Hilft das auch gegen Hängebrüste?

Juhuudith: Ein Online-Stillkurs für 35€.

Unser Kommentar: Das ist wie Tauchschein machen im Wohnzimmer! :-)

Jacky_keinnachname: Einen „Anwärmer" für Feuchttücher. **Vorstellung:** schöne warme Feuchttücher, die das Wickeln/ Abputzen etwas angenehmer für die Kleinen macht. **Realität:** Völlig ausgetrocknete und steinharte Tücher, die sehr an Schleifpapier erinnern.

Unser Kommentar: Dem Erfinder müsste damit eine Woche lang der Hintern abgeputzt werden.

Misskissthesky_ : Ich kann da noch einen Stillsessel hinzufügen, der bisher genau … lass mich überlegen … null Mal gebraucht wurde.

Unser Kommentar: Noch seltener sitzt man nur auf den Toiletten in der Badezimmerausstellung bei Ikea.

Tinas unnötigster Einkauf:

Der Nasenstaubsauger von Nosiboo – hat null Power, da lob ich mir doch den 10€-Aufsatz aus der Apotheke, stecke ihn in den Staubsauger und ab geht's.

Jasnas unnötigster Einkauf:

Päckchen um Päckchen an Heilwolle, weil die bei Windelausschlag so gut hilft. Hatte meine Tochter bloß nie ;-) Ungenutzt nach Jahren in den Müll gewandert.

Deine unnötigsten Einkäufe:

du: ....

....

....

....

....

....

....

....

....

....

....

Kapitel 17

Wahnsinn Nummer 2 - der Test

DER TEST:

Um feststellen zu können, ob du für Wahnsinn Nr. 2 bereit bist, kreuze bitte jeweils die für dich zutreffende Antwort an.

01. Um für Wahnsinn Nr. 2 bereit zu sein, musst du natürlich Wahnsinn Nr. 1 überlebt haben.
Deshalb: Lebst du noch?

02. **Sind die Voraussetzungen gegeben, die eine Schwangerschaft möglich machen, also:** Gibt es einen Partner oder sonstigen Samenspender, der bereit ist für Wahnsinn Nr. 2?

03. **Schläft dein erstes Kind die Nächte durch?**
(Zum einen gut, um entspannt Sex zu haben, zum anderen, weil es stressfreier ist, sich nachts nur um ein unruhiges Baby kümmern zu müssen)

04. **Ist dir der Schnuller deines Kindes schon mal so „ganz aus Versehen" in den Eierlikör gefallen, und du hast vergessen ihn zu säubern, bevor er im Mund deines Kindes gelandet ist?**

○ Ja (A)   ○ Nein (B)

05. Gehst du täglich duschen?

◯ Ja (A)   ◯ Nein (B)

06. Bist du bereit, Kind Nr. 1 bei Verwandten oder Freunden zu parken, während du Kind Nr. 2 entbindest?

◯ Ja (A)   ◯ Nein (B)

07. Denkst du nach einem Jahr, dass die Entbindung nur halb so schlimm war?

◯ Ja (A)   ◯ Nein (B)

08. Hattest du seit der Geburt deines Kindes schon mindestens einen tollen Abend mit deinen Freundinnen und danach so einen richtigen Kater?

◯ Ja (A)   ◯ Nein (B)

09. Denkst du dir „ohhh wie süß",
wenn du neugeborene Babys siehst?

WÄÄH!

◯ Ja (A)   ◯ Nein (B)

10. Hast du ausreichende finanzielle Rücklagen, um ggf. zwei Kinder mit Windeln zu versorgen?

◯ Ja (A)   ◯ Nein (B)

11. Bist du bereit in einen Geschwister-kinderwagen zu investieren?

◯ Ja (A)   ◯ Nein (B)

12. Hast du noch ausreichend Kuscheleinheiten über, die auch für zwei Kinder reichen?

◯ Ja (A)   ◯ Nein (B)

13. Kannst du mit deinem Partner noch über andere Dinge als Kinder oder Geld sprechen?

◯ Ja (A)   ◯ Nein (B)

14. Bist du bereit, deine Periode gegen Schwangerschaftsübelkeit zu tauschen?

◯ Ja (A)   ◯ Nein (B)

15. Sehnst du dich nach den Zeiten zurück, an denen du ein Schläfchen zu jeder Tageszeit rechtfertigen konntest?

◯ Ja (A)   ◯ Nein (B)

16. Bist du bei 38 Grad „Fieber" noch entspannt?

◯ Ja (A)   ◯ Nein (B)

17. Schlafmangel?
Für dich kein Thema!

○ Ja (A)   ○ Nein (B)

18. Kannst du dein großes Kind stundenweise abgeben, ohne dass sich Dramen ereignen?

○ Ja (A)   ○ Nein (B)

19. Hast du Bock auf PEKIP-Kurse?

○ Ja (A)   ○ Nein (B)

TYP A: Herzlichen Glückwunsch,

leg das Buch aus der Hand, richte dich ein bisschen her und leg los! Du bist bereit für Wahnsinn Nr. 2. Du bist bereit, schlaflose Nächte für noch mehr Liebe in Kauf zu nehmen. Du bist bereit, prämenstruelle Hormone gegen Schwangerschaftshormone zu tauschen und freust dich, ganz im Gegensatz zu sonst, wenn dein Bauch wächst und gedeiht.*

TYP B: Upsi.

Wahnsinn, was so ein Kind mit einem macht! Es lässt uns lieben lernen, wie wir es zuvor noch nie getan haben, es lässt uns aber auch an unsere Grenzen stoßen, wie wir es zuvor noch nie erlebt haben. Ganz eventuell durchzechst du erst noch die ein oder andere Nacht mit deinen Freundinnen, sparst ein wenig Geld an, so dass wenigstens der erste Vorrat an Windeln gesichert ist (danach kann das Kind gefälligst trocken werden). Mach ein Fotoshooting von deinem Before-After-Baby-Body und achte darauf, dass beim Sex gut verhütet wird. Wiederhole den Test in einem Jahr, wenn du möchtest.

*Zu Risiken und Nebenwirkungen fragen Sie kinderlose, fremde Menschen oder Ihre Mutter.

Kapitel 18

Wahnsinn! plötzlich Mama!

Einfach wahnsinnig toll!

Eine komplikationsfreie Schwangerschaft mit Zwillingen, (okay, vergessen wir diese Endschwangerschafts-Sex-Blutungs-geschichte einfach mal ...), ein geplanter Entbindungstermin, einwandfreies Stillerlebnis, ich kann in der Tat nicht klagen!

Wahnsinn! Als ich damals erfahren habe, dass ich mit Zwillingen schwanger bin, fürchtete ich mich vor dem Risiko einer Fehlgeburt oder Komplikationen, die bei Zwillingen höher sind als bei nur einem Kind. Aber ich hatte Glück und tatsächlich eine tolle Schwangerschaft und Geburt. Ich machte mir ebenfalls Gedanken darum, ob das Stillen von Zwillingen nach einem Kaiserschnitt möglich sein könnte, es klappte wunderbar. Nach exakt drei Tagen kam der Einbruch, ich wachte morgens auf und hätte den gesamten Tag heulen können. Da war er – der gefürchtete Babyblues. Glücklicherweise ging er so schnell, wie er gekommen war, schon am nächsten Tag war wieder Sonnenschein. Dass dies aber nicht immer der Fall ist, zeigt Jasnas Erfahrung.

Einfach wahnsinnig viel!

Nicht im Traum hätte ich mir vorstellen können, dass ich mein Kind in den Armen halten würde und nichts anderes empfinden würde außer Müdigkeit. Die Schwangerschaft war nicht einfach, die Geburt richtig hart, ich war geschafft, unglücklich und in einer tiefen Krise. Alle sagten, das würde sich geben und bald besser werden. Aber es wurde nicht besser. Es war kein Babyblues, der ein paar Tage oder Wochen andauerte, es war eine postnatale Depression. Eine Krankheit, die ca. 15% der Mütter betrifft, über die aber leider viel zu wenig gesprochen wird. Denn welche Mutter will schon zugeben, dass sie ihr Kind nicht annehmen oder lieben kann (auch wenn das nur ein vorübergehender Zustand ist)?! Und dazu kommt der Druck der Gesellschaft, die einem suggeriert, was die Norm zu sein hat.

Ich nahm ein wunderschönes, mir vollkommen fremdes Wesen mit nach Hause und gab ihm den Spitznamen „pinke Giraffe" – sie war perfekt, für mich fühlte es sich aber an, als hätten sie mir im Krankenhaus einen Alien untergeschoben.

Ich war verzweifelt, denn meine Gefühle waren so furchtbar anders, als ich es mir vor der Geburt ausgemalt hatte. Allein konnte ich nicht genug dagegen tun, aber ich fand Hilfe in einer Selbsthilfegruppe, die ich noch heute schmunzelnd die Wir-hassen-unsere-Kinder-Truppe nenne.

Schwarzer Humor und das Wissen darum, dass ich kein Einzelfall war, haben mir geholfen, mit dieser Krankheit umzugehen. Die wunderbaren Bluessisters gibt es in ganz Deutschland, sie haben viel Erfahrung im Umgang mit postnataler Depression und den jeweiligen Folgen. Auch meine Hebamme konnte mir mit diesem Satz helfen: „Sie (Die Situation und die Tochter) ist noch ganz neu für dich, gib euch Zeit euch kennenzulernen! Nicht jeder liebt automatisch, Liebe wächst, auch die zum eigenen Kind." Das Schönste ist heute meine Tochter zu betrachten und in jeder Faser meines Seins Liebe für sie zu spüren. Das ist etwas, das ich mir damals nie hätte vorstellen können.

Jeder Wahnsinn ist anders

Warum wir euch beide Seiten der Medaille zeigen?

Weil es nicht den einen richtigen Weg gibt. Jede Frau ist anders, mancher fällt das Mutterwerden leicht, für die andere ist es harte Arbeit. Wir sind der Meinung, dass jede ihre ganz eigenen Erfahrungen macht und machen wird, daran ist nichts falsch. Du liebst dein Kind von der ersten Sekunde an? Prima! Du warst überfordert und hast dein Kind nicht sofort annehmen können? Auch gut, das passiert eben. Dir und dem Kind zuliebe kannst du in diesem Fall Hilfe in Anspruch nehmen.

Du bist ja nicht allein auf der Welt!

Zum Glück! Und auch nicht die erste, der das passiert! Vieles wird klarer und einfacher, wenn man es in Worte fasst, entweder schriftlich oder im Gespräch. Und oft findet man so Menschen, denen es genauso geht wie einem selbst.

Kapitel 19

Wahnsinn! Schon ein Jahr vorbei!

verrückt!

Eben noch selbstbestimmt und jetzt schon ein „alter Hase" – dein Kind hat seinen ersten Geburtstag gefeiert (okay, alle anderen haben seinen ersten Geburtstag gefeiert, das Kind hat große Augen gemacht und die Kerze angestaunt und sich gewundert, was die Großen für einen ungewohnten Trubel veranstalten), und du erinnerst dich wieder an den Moment, der dein gesamtes Leben aus den Angeln gehoben hat. Ein Jahr ist seitdem vergangen. Hast du dich verändert? Bist du gar ein anderer Mensch geworden? Oder anders gefragt, was reden deine Freunde hinter deinem Rücken über dich?

Eins steht fest, jedenfalls für 99% aller Mamas: Man härtet ab, wirft Jahrzehnte alte Vorsätze, die man als Nicht-Mama gefasst hatte, über Bord, und tauscht ein Leben gegen zwei Leben aus. Und eins ist sicher: Jegliche Ausscheidungen des eigenen Kindes sind nicht eklig!

Das war ich vor der Geburt:

- geduldig
- fit und ausgeschlafen
- kein übermäßiges Interesse an Schokolade
- nicht übermäßig ängstlich
- in der Lage, Thriller anzuschauen
- Lieblingsduft stammt aus der Parfümerie

- abenteuerlustig
- nie erkältet

du:

Das bin ich seit der Geburt:

- fahrig und oft unkonzentriert
- emotional inkontinent, ich heule schon, sobald ich eine Robbe im TV sehe
- müde
- bis zum Platzen angefüllt mit Liebe
- schokoholic
- süchtig nach Seifenopern
- müde
- süchtig nach dem Geruch meines Kindes
- misstrauisch, ob das Kind noch atmet
- besorgt

du:

sorgen

Wie Britney Spears sagen würde:
You drive me crazy, I just can't sleep.
Ohrwurm? Gern geschehen :-)

Hier kannst du Strichliste führen: ⊦⊦⊦ ||

Kontrolliert, ob das Kind noch atmet/lebt	
Nachts aufgestanden, um nachzusehen, ob Kind noch da ist	
Kind in den Nacken gefasst, um Temparatur zu kontrollieren	
Geprüft, ob Windel voll ist	
Im Auto nach Kind umgedreht, obwohl/weil es kein Geräusch gemacht hat	

KAPITEL 20

Abzeichen
Rabenmutter
erstes Jahr

Jetzt mal Butter bei die Fische!

Sei ehrlich und schaue, wie viele Rabenmutter-Abzeichen du schon „geschafft" hast:

○ Du hast dein Kind länger als zwei Stunden im Maxi Cosi gelassen.

○ Du hast dein Kind (kurz) alleine auf dem Wickeltisch liegen lassen.

○ Du hast in einer übersehenen Halsfalte versauernde Milch gefunden.

○ Du hast nach Mutterbedarf gestillt/gefüttert (wenn das Kind nervt oder es gerade eben passt).

○ Du hast das Kind zu lange im Tragetuch getragen.

○ Du hast die Stinkewindel nicht sofort gewechselt.

○ Du hast dreckige Klamotten nicht sofort gewechselt.

○ Du hast die Vitamin-D-Tabletten über Tage vergessen.

○ Du hast den Schnuller als Stöpsel eingesetzt.

○ Du hast den Fernseher als Beruhigung benutzt.

○ Du hast Saftschorle zu trinken gegeben.

○ Du hast eine Süßigkeit gegeben.

○ Du hast dich über das Kind lustig gemacht (besonders, wenn es aus unerfindlichen Gründen schreit).

Wir haben was vergessen?
Du kannst die Liste noch vervollständigen:

○ ....

○ ....

über die

Wahnsinns!-Autorinnen

TINA RUTHE

JASNA JAGAR

(TINA WOLLTE UNBEDINGT, DASS IHRE NEUEN BRÜSTE AUCH AUFTAUCHEN)

(WORAUFHIN JASNA RIEF: „ICH WILL AUCH MÖPSE!")

Einiges haben wir in diesem Buch ja schon aus dem Nähkästchen erzählt.

Da wir Freundinnen sind, können wir zum Glück über alles offen sprechen. Und wenn es dich interessiert, kannst du mitlesen:

Jasna:

Jasna: Was hast du empfunden, als du erfahren hast, dass es schwierig für dich wird schwanger zu werden?

Tina: Traurigkeit und Angst, niemals Mama sein zu dürfen.

Jasna: Was war die härteste Erkenntnis nach der Geburt der Zwillinge?

Tina: Das Stillen von Zwillingen gleicht dem Job einer Hochleistungskuh.

Jasna: Wann fühlst du dich am schönsten?

Tina: Jedenfalls nicht morgens direkt nach dem Aufstehen.

Jasna: Bereust du etwas in Bezug auf Ralph und die Kinder?

Tina: Nein.

Jasna: Was würdest du an deinem Erziehungsstil nie ändern, egal, was alle anderen sagen?

Tina: Meine Kinder müssen mittags schlafen! Ich nämlich auch ...

Jasna: Was hast du gedacht, als du mich das erste Mal gesehen hast?

Tina: Ist die groß!

Jasna: Würdest du noch mal mit mir in den Urlaub fahren?

Tina: Mit dir ja, aber dann ohne Kinder und Männer.

Jasna: Was magst du an meinem Kind?

Tina: Seine Fantasie.

Jasna: Was machen wir in zehn Jahren?

Tina: Ein neues Buch, mit dem Thema: Wahnsinn: die ersten zehn Jahre als Mama ;-)

Jasna: Auf einer Skala von 1-10, wie sehr hast du an unser Projekt geglaubt?

Tina: Im Sommerurlaub, als wir abends bei einer Flasche Wein über unsere Ideen gesprochen haben, 10. Zu Hause, nüchtern betrachtet, -1.

Jasna: Das erste Jahr als Mama, was hat dich am meisten genervt?

Tina: Die PHASEN. Diese nicht endenden, unerträglichen Phasen, mit denen man alles versucht zu erklären. Und meine Newslettermitgliedschaften in bestimmten Kidsfashionshops. Die haben mich arm gemacht.

Tina: „Jasna, warum hast du mit meinem Mann geschlafen?"

Jasna: Weil ich ihn wirklich witzig fand, außerdem hast du meinen besten Freund geheiratet.

Tina: Rein medizinisch gesehen, konntest du gar kein Kind bekommen, was ist da passiert?

Jasna: Ein Wunder. Und ich glaube, dass mein Mann sogar Bäume schwängern könnte.

Tina: Was treibt dich besonders in den Wahnsinn?

Jasna: Unreflektierte Menschen und Leute, die sich zwischen mich und die Sonne stellen.

Tina: Kind, Job, Mann und Freunde – wann und wie lange entspannst du?

Jasna: Ich glaube, wie fast jede Mama, viel zu wenig. Aber wenn, dann am liebsten mit Freunden, egal, wann und wo und wie lange.

Tina: Dein persönlicher Geheimtipp gegen „Augenringe des Todes"?

Jasna: Den wüsste ich auch gerne. Mein Concealer-Verbrauch ist viel zu hoch.

Tina: Jasna, wir haben im Sommer 2017 mit unseren Familien zusammen Urlaub gemacht, was hast du vor Beginn des Urlaubes über mich gedacht?

Jasna: Puuuh.

Tina: Und was danach?

Jasna: Dass du eine gute Mama bist, vor allem ehrlich. Eine Eigenschaft, die ich an Menschen besonders anziehend finde.

Tina: Glaubst du, dass wir noch miteinander reden, wenn das Buchprojekt abgeschlossen ist?

Jasna: Natürlich. Ich glaube, dass das der Anfang einer langen und produktiven Partnerschaft ist.

Tina: Sekt oder Selters? Nein, warte, lass mich die Frage präziser stellen: wie viel Sekt?

Jasna: Sehr viel Sekt. Oder warte, Sekt, Rotwein und Weißwein, aber alles trocken und in großen Mengen, bitte.

Tina: Jasna, wenn du für einen Tag die Rolle mit deiner Tochter tauschen könntest, was würde dich besonders wahnsinnig an dir als Mama machen?

Jasna: Meine Ungeduld.

Tina: Das erste Jahr als Mama, was (oder wer) hat dich am meisten genervt?

Jasna: Andere Mütter, die einem das Gefühl geben, dass man alles falsch macht und meine postnatale Depression.

Das sind wir!

Foto: Manjit Jari

Jasna Jagar

Jasna Jagar wurde 1979
in Frankfurt am Main geboren,
dort lebt sie mit ihrer Tochter
und ihrem Mann, dem **#Wikinger**.
Sie ist Literaturwissenschaftlerin
und Autorin und arbeitet als
#workingmom in einer
internationalen Anwaltskanzlei.

instagram.com/jasna.jagar

Foto: Tanja Wesel

Tina Ruthe wurde 1989 in Gerolstein geboren. Sie studierte Public Health und schloss das Studienfach mit dem Master ab. Sie ist Mutter von Zwillingen – Emmi und Lilli. Auf Instagram berichtet sie mit viel Humor und Offenheit aus ihrem Alltag als Zwillingsmama, was rund 45.000 Menschen gefällt. Sie lebt mit ihrem **#ehemannmitglatze** (Cartoonist Ralph Ruthe) und den Zwillingen in Bielefeld.

Instagram.com/
tinchenmanderinchen

Johanna „Schlogger" Baumann wurde 1986 in Freiburg im Breisgau geboren. Sie studierte etwas Philosophie, bevor sie „Medien und Kommunikation" mit einem Comicbuch über Streit als Masterarbeit abschloss. Seit kurzem ist sie Mutter und zeichnet auf Instagram über Wissenswertes und Albernes in **#schwangerschaft** und **#lebenalsmutter**. Sie kann vom Zeichnen leben – hurra! – und tut dies mit ihrem Partner und Kind in Hamburg.

www.schlogger.de
instagram.com/theschlogger

Ich widme dieses Buch: **Mauschilu**

Danke:

Danke an **Maurice und Pilou** – ohne euch wäre ich keine Mama.
Danke an meine zwei Mamas und zwei Papas – ohne euch wäre ich keine Comiczeichnerin.

Instagram accounts –
unsere Empfehlungen:

Es gibt so viele Eltern, die uns im Alltag und auf Instagram zeigen wollen, wie das Leben mit Kindern funktioniert, hier sind sechs Accounts, die wir uns gerne anschauen und bei denen wir nicht durchgehend das Gefühl haben, wir machen alles falsch ;-)

daddy_co.ol : unser lieblings daddyblogger unter den ganzen muddis. sympathisch, ehrlich und praktischerweise nett zum anschauen.

mathellaslife: Zwillingsmama und insgesamt vierfach Mama, ist **#fürmehrrealität auf Instagram**, kocht täglich 3 Liter Ingwer-Zitronentee und trägt ihre Socken auch gerne mal mehrere Tage hintereinander.

vonkopfbisfuss_: mit ihrem kleinen Sohn Ferdi entdeckt sie gerade die Welt neu und zeigt uns wie **#style als Mama** funktioniert

sarakulka_: **#ichmachmirdieweltwiesiemirgefällt** – oder dem Kind **:)**. Sara berichtet über ihre Alltagsgeschichten und ihren Erziehungsstil, bei dem Selbstbestimmtheit und Herz eine große Rolle spielen.

teresacasamonti: Teresa thematisiert u.a. wie schade es ist, dass der Job „Mama" immer noch nicht wertgeschätzt wird. Nebenbei baut sie mit ihrer zuckersüßen Familie ihr Traumhaus.

papapi: Kevin ist zugegebenermaßen etwas nah am Wasser gebaut, zeigt uns aber, dass Familienmodelle nicht nur „Vater, Mutter, Kind" bedeuten. Mit seinem Ehemann kümmert er sich um zwei Pflegekinder, **#regenbogenfamilie** – wir brauchen mehr davon!

Mein erstes Wahnsinns-Jahr!

117

Mit meinem Kind:

....

Geboren am:

....

Das möchte ich nicht vergessen:

du: ....

....

....

....

....

....

....

....

....

....

....

....

....

....

Das werde ich nie vergessen, obwohl ich das lieber möchte:

du:

....

....

....

....

....

....

....

....

....

....

....

....

....

Damit habe ich nicht gerechnet:

du: ....

....

....

....

....

....

....

....

....

....

....

....

....

Dafür bin ich dankbar:

du:

....

....

....

....

....

....

....

....

....

....

Das war das Allerallertollste:

du: ....

....

....

....

....

....

....

....

....

....

....

....

Nicht vergessen ;-):

Wir bieten in diesem Buch keine Expertenmeinungen oder Ratschläge an, sondern lediglich uns, unsere Erfahrungen und ganz eigenen Sichtweisen.

wenn mein Kind ein ⃝ Junge ⃝ Mädchen geworden wäre, wäre sein/ihr Name jetzt:

....

....

....

Mögliche Namen für Wahnsinn Nummer 2:

Junge:

Mädchen:

....

....

....

Zum Ausschneiden und immer dabei haben ;-)

Wahnsinn!
Mein erstes Jahr als Mama

Triff uns auf instagram:
tinchenmanderinchen
jasna.jagar
theschlogger

Unser Versprechen für mehr Nachhaltigkeit
• Klimaneutrales Produkt
• Farben auf pflanzlicher Basis
• Papiere aus nachhaltigen und kontrollierten Quellen
• Hergestellt in Europa

6. Auflage 2021

© 2019 Lappan Verlag in der Carlsen Verlag GmbH, Oldenburg/Hamburg
ISBN 978-3-8303-6333-0

Text: Jasna Jagar, Tina Ruthe
und auf S. 60/61 und
105 – 108 Johanna Baumann
Illustrationen: Johanna Baumann
Lektorat: Antje Haubner
Layout und Herstellung:
Ulrike Boekhoff

MIX
Papier aus verantwortungsvollen Quellen
FSC® C002795

Für den Notfall:

Ärztlicher Bereitschaftsdienst D: 116117
Giftnotzentrale Berlin: +49 (0) 30-19240
Giftinfozentrum A: +43 (0) 1-406 4343
Giftinfozentrum CH: +41 (0) 1-251 5151
Telefonseelsorge: 0800-1110111

Bei Krisen rund um die Geburt:
www.schatten-und-licht.de

Babyblues, Depression:
www.bluessisters-frankfurt.de

Zum
Ausschneiden
und immer
dabei haben ;-)

Wahnsinn! Tolle Geschenke für jede Mama!

Tina Ruthe · Jasna Jagar · Johanna Baumann

WAHNSINN!
Mein Mama-Organizer

kreativer Planer im Bullet-Journal-Style!

LAPPAN

973-3-8303-6335-4

978-3-8303-6367-5

WAHNSINN!
Was du schon kannst!

Meilenstein-karten für dein 1. Jahr

LAPPAN

Mamasein ist ein echter Vollzeitjob und will gut organisiert sein!

Dieser Organizer im „Bullet-Journal-Style" soll dir helfen, deinen Alltag zu organisieren, deine Einkäufe zu planen, Urlaube und Arzttermine einzutragen, aber auch abzutauchen, zu gestalten und dich zwischendurch auch mal vom Mamastress zu erholen.

Das erste Jahr hat es wirklich in sich!

Mit diesen 24 Meilensteinkarten kannst du witzige und wichtige „erste Male" deines Kindes humorvoll und stilecht dokumentieren. Z.B. Das erste Stofftier, das erste Mal bis zum Hals vollgekackt oder das erste Mal den Schrank ausgeräumt.
Dazu erzählen die Autorinnen kurz, wie es bei ihren eigenen Kindern war.

LAPPAN

FOLGT UNS! facebook.com/lappanverlag
Instagram.com/lappanverlag
w w w . l a p p a n . d e

HUMOR ORAKEL
Welcher **Humortyp** bist du? Hier findest du es heraus!
Kein Witz!
www.humororakel.de
LAPPAN

Mein erstes Jahr als dein Kind!

Hier kannst du ein Foto
von deinem Kind einkleben!